SANTA ANA PUBLIC LIBRARY
D0130992

Mark McGwire

Rompe récords

Rob Kirkpatrick

Traducción al español
Mauricio Velázquez de León

The Rosen Publishing Group's
Editorial Buenas Letras™
New York

Para mi madre, una extraordinaria maestra de lectura.

Published in 2002 by The Rosen Publishing Group, Inc.
29 East 21st Street, New York, NY 10010

First Edition in Spanish 2002
First Edition in English 2001

Book Design: Michael de Guzman

Photo Credits: pp. 5, 9 © Brian Bahr/Allsport; pp. 7, 19, 21 © Vincent Laforet/Allsport; p. 11 © Reuters/Tim Parker/Archive Photos; p. 13, 17 © Otto Greule/Allsport; pp. 15, 23 © Rob Tringali Jr./SportsChrome USA

Text Consultant: Linda J. Kirkpatrick, Reading Specialist/Reading Recovery Teacher

Kirkpatrick, Rob.
Mark McGwire : rompe récords / by Rob Kirkpatrick : traducción al español Mauricio Velázquez de León.
p. cm. — (Reading power)
Includes index.
Summary: Introduces the player for the St. Louis Cardinals who set the home run record in 1998.
ISBN 0-8239-6115-X
1. McGwire, Mark, 1963—Juvenile literature. 2. Baseball players—United States—Biography—Juvenile literature. [1. McGwire, Mark, 1963- 2. Baseball players. 3. Spanish language materials.] I. Title. II. Series.
GV865.M396 K57 1999
796.357'092—dc21
[B]

Manufactured in the United States of America

Contenido

Mark McGwire juega béisbol.

Mark juega en la primera base.

Cardinals

A Mark le encanta
batear la pelota.
Él tiene un gran swing.

Mark batea muchos jonrones *(home runs)*.
¡En 1998, Mark bateó 70 jonrones!
Eso es un récord.

Cardinals

Mark jugaba en los Atléticos de Oakland. En 1989, Mark ayudó a los Atléticos a ganar la Serie Mundial.

MCGWIRE

Mark juega ahora
para los Cardenales. Los
Cardenales juegan
en San Luis.

A los aficionados les
gusta ver a Mark durante
la práctica de bateo
en el estadio.

Cardinals

Sammy Sosa es amigo
de Mark y lo hace sonreír.
Sammy juega en los
Cachorros de Chicago.

El mejor amigo de Mark
es su hijo Matthew.
A Matthew le gusta ver
los partidos de su papá.

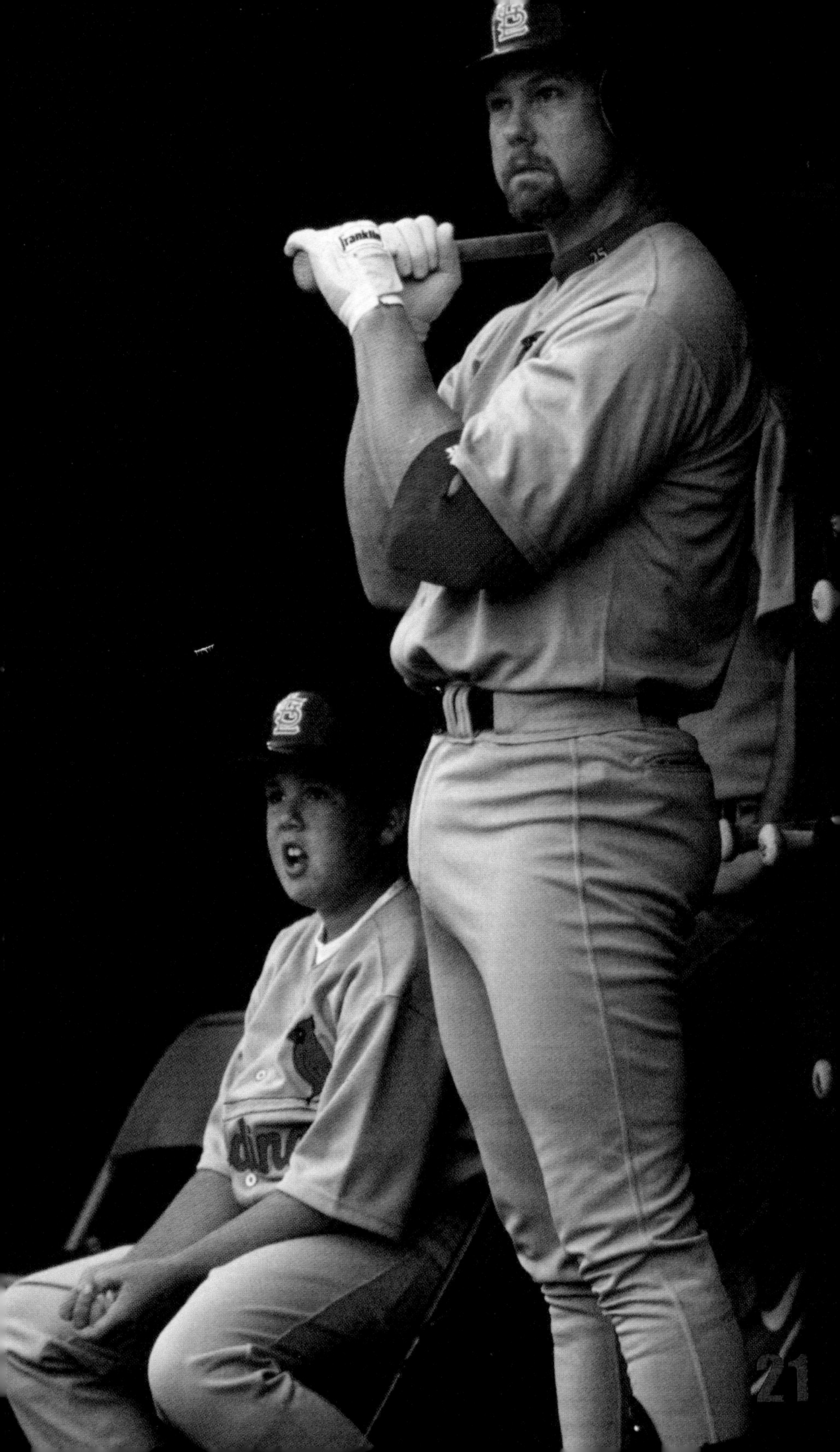

A Mark le gusta pasar tiempo con la gente en el estadio.

Si quieres leer más acerca de Mark McGwire, te recomendamos estos libros:

Mark McGwire
by Richard Brenner
Wiliam Morrow & Company (1999)

Mark McGwire: Home Run King
(Sports Achievers)
by Jeff Savage
Lerner Publications (1999)

Para aprender más sobre béisbol, visita esta página de Internet:

http://cnnsi.com/

jonrones / home runs Cuando un jugador batea la pelota fuera del campo y corre alrededor de las cuatro bases.
práctica de bateo Batear bolas antes del partido.
récord (el) Una cantidad que supera lo que los demás han hecho antes.
Serie Mundial (la) Cuando los dos mejores equipos de béisbol juegan al final del año.
swing movimiento del bate para chocar la pelota.

Número de palabras: 133

Nota para bibliotecarios, maestros y padres de familia
Si leer es un reto, ¡Reading Power en español es la solución! Reading Power es ideal para lectores hispanoparlantes que buscan un nivel de lectura accesible en su propio idioma. Ilustrados con fotografías, estos libros presentan la información de manera atractiva y utilizan un vocabulario sencillo que tiene en cuenta las diferencias lingüísticas entre los lectores hispanos. Relacionando claramente texto con imágenes, los libros de Reading Power dan al lector todo el control. Ahora los lectores cuentan con el poder para obtener la información y la experiencia que necesitan en un ameno formato completamente ¡en español!

Note to Librarians, Teachers, and Parents
If reading is a challenge, Reading Power is a solution! Reading Power is perfect for readers who want high-interest subject matter at an accessible reading level. These fact-filled, photo-illustrated books are designed for readers who want straightforward vocabulary, engaging topics, and a manageable reading experience. With clear picture/text correspondence, leveled Reading Power books put the reader in charge. Now readers have the power to get the information they want and the skills they need in a user-friendly format.